마셜 로젠버그의 Q&A 세션

비폭력대화와
실천적 영성

Practical Spirituality
Copyright © 2004 Marshall B. Rosenberg
Korean Translation Copyright © 2015
by Katherine Hahn Singer & The Korean Nonviolent Communication Press

이 책의 한국어판은 한국NVC출판사에서 저작권자의 허락을 얻어 출간했습니다.
이 책의 일부나 전부를 상업적으로 이용하고자 하는 분은
한국NVC출판사로 연락하시기 바랍니다.

비폭력대화와 실천적 영성

마셜 로젠버그의 Q&A 세션

발행 2015년 10월 5일 초판 1쇄
　　　 2021년 1월 15일 개정판 1쇄

지은이 마셜 B. 로젠버그
옮긴이 캐서린 한
디자인 DesignZoo
펴낸이 캐서린 한
펴낸곳 한국NVC출판사

등록 2008년 4월 4일 제300-2012-216호
주소 (03702) 서울특별시 서대문구 연희로15길 78, 2층(연희동)
전화 02-3142-5586 **팩스** 02-325-5587
이메일 book@krnvc.org

ISBN 979-11-85121-07-9 04180
ISBN 978-89-961048-9-6(세트)

* 값은 뒤표지에 있습니다.
* 잘못 만든 책은 구입하신 서점에서 바꾸어 드립니다.

비폭력대화(NVC)
작은책 시리즈
04

마셜 B. 로젠버그 지음
캐서린 한 옮김

마셜 로젠버그의 Q&A 세션

비폭력대화와
실천적 영성

Practical Spirituality

한국NVC출판사

차 례

들어가는 말

마셜 로젠버그Marshall Rosenberg는 자신이 가지고 있는 깊은 신념들에 대해서 말할 때마다, 예컨대 영성이라든지 신에 대한 개념, 사랑에 대해서 말할 때마다 두 가지 주제를 항상 언급한다.

첫째, 인간은 자기 자신과 다른 사람의 삶에 기여할 때 삶과 연결되어 가장 큰 기쁨을 느끼며, 둘째, 영성과 사랑은 우리가 느끼는 것보다 우리가 하는 행동과 더 관계가 깊다는 것이다.

사람들은 마셜에게 어떻게 그런 경지에 도달했는지, 다른 사람들의 종교적 믿음에 대하여 어떻게 생각하는지 자주 묻곤 했다. 또, 마셜의 영성에 대한 견해가 비폭력대화를 실천하는 데 어떤 의미가 있는지 등에 대해서도 자주 질문을 했다.

다음에 나오는 내용은 영성spirituality과 신성Divine에 대한 마셜의 개념, 그리고 NVC의 영적 기반과 그 가치를 사회에 적용하는 일에 관해서 마셜이 워크숍을 진행하는 동안에 받은 질문과, 그때그때 매체와 한 인터뷰에서 즉흥적으로 답변한 내용을 발췌한 것이다.

Q 우리는 비폭력대화를 통해서 어떻게 신성함Divine과 연결할 수 있나요?

A 제 생각으로는, 비폭력대화(NVC)가 영성에 기반을 두고 있다는 점을 염두에 두고 사람들이 NVC 프로세스를 배우는 것이 중요합니다. 실제로 NVC는 삶의 태도가 영적인 실천이 될 수 있다는 것을 보여 드리려고 노력한 것입니다. 우리가 굳이 이 점을 언급하지 않아도, NVC를 실천하면서 자연스럽게 알게 됩니다.

NVC를 기계적으로 쓰기 시작한 사람들이라도 자신과 다른 사람들과의 관계에서 전과는 다른 무언가를 경험하면서 점차 영적인 면에 도달하기도 합니다. 사람들은 NVC가 대화 방법을 넘어서 실제로 우리의 영적인 면을 구현하려는 시도라는 것을 알게 됩니다. 저는 형이상학적이고 철학적인 말로 영성의 아름다움을 가리지 않으면서 영성을 NVC에 통합하는 데 노력을 기울였습니다.

제가 살고 싶은 세상을 이루려면 꽤 중요한 사회적 변화가 필요합니다. 사회 변화를 가져오려고 노력하는 사람들이 지금 우리가 빠져 있는 궁지로 우리를 몰아넣은 것과는 아주 다른 영적 차원에서 노력하지 않는 한, 제가 말하는 사회 변화를 이루기 힘들 것입니다.

그래서 우리가 하는 훈련은 사회 변화를 위해 애쓰는 사람들이 내면화된 문화적 조건화에 따라 행동하지 않고 분명히 스스로 선택한 영성에 따라 행동하는 데 도움이 되도록 구성되어 있습니다. 이것은 그 사람들이 그러한 영성에서 나와서 사회 변화를 만들어 갈 수 있도록 하기 위해서입니다.

Q '신God'이란 선생님께 어떤 뜻을 가지고 있습니까?

A 신을 생각할 때, 제게는 그 아름답고 강력한powerful 에너지를 효과적으로 또 설득력 있게 의식하고 표현하게 해 줄 표현이 필요합니다. 그래서 제가 쓰는 말은 "사랑의 신성한 에너지Beloved Divine Energy"입니다. 한동안은 그냥 "신성한 에너지"라고 했는데, 동양의 종교를 알고, 동양의 시들을 읽고, 그들이 어떻게 이 에너지와 개인적인 사랑의 관계를 맺고 있는지를 알고 나서는 제 삶에서 신을 "사랑의 신성한 에너지"라고 부르고 있습니다. 저에게 이 사랑의 신성한 에너지란 삶 자체이고, 매일 생활과 연결되어 있습니다.

Q **"사랑의 신성한 에너지"를 알아차리는 데 선호하시는 방법은 무엇인가요?**

A 그것은 제가 다른 사람들과 연결하는 방법에 있습니다. 내가 사람들과 특정한 방법으로 연결할 때, 그 안에서 사랑의 신성한 에너지를 봅니다. 그런 관계 안에서는 신성한 에너지를 볼 뿐 아니라, 그 신성한 에너지를 경험하고 느낍니다. 내가 신성한 에너지입니다. 사람들과 이런 식으로 연결할 때, 나는 사랑의 신성한 에너지와 연결되는 것입니다. 그러면 나는 신을 생생하게 느낍니다.

Q **어떤 종교적 믿음이나 가르침, 또는 책에서 가장 큰 영향을 받으셨나요?**

A 지금 이 지구상에 있는 여러 종교 중에서 어떤 것이 저에게 가장 큰 영향을 미쳤는지 말하기는 어렵습니다. 그래도 그중 하나를 꼽으라고 한다면, 아마도 불교일 것입니다. 제가 이해하는 부처님과, 그분 말씀이라고 인용하는 다른 사람들의 말들을 아주 좋아합니다.

예를 들자면, 부처님은 수단/방법, 부탁, 또는 욕망desire에 집착하지 말라는 것을 아주 분명하게 말씀하십니다. 그런데 그 점은 우리가 하는 훈련에서도 아주 중요한 부분입니다. 그것은 인간의 진정한 욕구need와 우리가 교육받은 수단/방법을 혼동하지 말라는 것입니다.

예컨대, 새 자동차가 필요한 것이 아닙니다. 고장 걱정 안해도 된다는 마음의 평화를 얻기 위해 새 차를 사기로 선택할 수도 있습니다. 그런데 이때 정신 차려야 할 점은, 우리에게 진정으로 필요한 것은 새 차라고 생각하도록 사회가 우리에게 속임수를 쓴다는 것입니다. 수단/방법과 욕구need를 구분하는 훈련이 부처님의 가르침과 아주 상통하는 부분이라고 저는 이해하고 있습니다.

제가 공부한 대부분의 종교와 신화에서도 아주 비슷한 말이 나옵니다. 신화학자인 조지프 캠벨Joseph Campbell은,

자신의 연구를 요약하면서 "놀이가 아닌 것은 아무것도 하지 말라Don't do anything that isn't play"고 말합니다. 그가 말하는 '놀이'란 기꺼이 삶에 기여하는 것을 가리킵니다. 그러니까 그의 말은, 벌을 피하기 위해서 무언가를 하지 말고, 보상을 받기 위해서 또는 죄책감이나 수치심 때문에 무언가를 하지 말고, 특히 의무나 책임감에서 비롯한 행동을 하지 말라는 것입니다.

우리가 하는 일이 어떻게 삶을 풍요롭게 하는지 보게 될 때 우리가 무엇을 하든지 놀이play가 될 것입니다. 이런 가르침은 불교뿐 아니라 이슬람교에서도 배웠고, 기독교 그리고 유대교에서도 배웠습니다. 저는 이것이 인간의 자연스러운 언어라고 생각합니다. 삶에 기여하는 것을 하는 것 말이지요.

Q 종교와 영적인 영향으로 사람들이 수동적인 태도를 취하게 되는 것은 아닌가요? 그러니까, "대중의 마약Opiate of the Masses"이 라는 효과 말씀입니다만.

A 저는 세상에 그저 편히 앉아서 "내게서 나오는 에너지만으로도 사회 변화를 가져올 수 있고, 그렇게 나는 세상을 돕고 있다"고 말하는 유의 영성에 대해 상당히 우려하고 있습니다. 그 대신 제가 신뢰하는 영성은, 아름다운 이미지를 가지고 그저 앉아 있는 것이 아니라, 세상을 바꾸는 방향으로 사람들이 나아가도록 이끄는 영성입니다.

저는 사람들이 무언가를 성취하기 위해서 나설 때 그 행동 자체에서 그 에너지가 반영되는 것을 보고 싶습니다. 그 에너지로 우리가 무언가를 하는 것, 그것이 실천적practical 영성입니다.

Q 그렇다면 비폭력대화의 일부는 영적인 바탕에서 나왔다는 말씀이
신가요?

A 비폭력대화는 사랑의 신성한 에너지를 의식하고 그것과 연
결하려는 저의 시도에서 나왔습니다. 제가 전공한 분야인 임
상심리학에서 배운 내용에 저는 만족할 수 없었습니다. 왜냐
하면, 지금도 그렇지만, 그것이 병리학에 기반을 둔 것인 데
다 거기에서 쓰는 말들이 불편했기 때문입니다. 그래서 학위
를 받은 뒤에는 칼 로저스Carl Rogers와 에이브러햄 매슬로
Abraham Maslow 쪽으로 좀 더 가기로 했습니다.

저 자신에게 겁나는 질문을 하기로 했지요. "우리는 누구
인가, 우리 삶의 목적은 무엇인가?" 심리학에서는 이런 질문
에 대해 별로 답을 찾을 수가 없다는 것을 발견했습니다. 그
래서 저는 이런 문제를 좀 더 다루는 것으로 보이는 비교종
교학을 속성 과정으로 공부했습니다. 그런데 여기저기서 사
랑이라는 말이 계속 튀어나오는 거예요.

저는 이 '사랑'이라는 말을 대부분의 사람들처럼 종교적인
의미로, "모든 사람을 사랑해야 한다"는 식으로 받아들이고
있었습니다. 그리고 그런 사랑이라는 말에 짜증을 내곤 했

지요. 그때는 제가 '뉴 에이지 헛소리New Age Bullshit'[1]라는 표현은 몰랐지만, 저 나름대로 그 비슷한 말로 "아, 그러니까, 내가 히틀러를 사랑해야 한다고요?"라고 말하곤 했습니다. 하지만 그러면서도 여러 종교를 믿는 수많은 사람들에게 그렇게 깊은 의미가 있어 보이는 이 사랑이 뜻하는 바를 더 잘 이해하려고 계속 노력했습니다. 사랑이란 무엇인지, 그 사랑이란 것을 어떻게 '하는' 것인지.

비폭력대화는 실제로 사랑의 개념을 이해하고 그것을 구현하려는 저의 시도에서 나왔다고 할 수 있습니다. 제가 얻은 결론은 사랑이란 우리가 무언가를 느끼는 것일 뿐 아니라 드러내 보이는 것이고, 무언가를 하는 것이고, 그리고 우리 안에 가지고 있는 것이라는 겁니다. 그러면 사랑을 구현한다는 것은 무엇인가? 그것은 우리 자신을 어떤 특정한 방식으로 아낌없이 주는 것입니다.

• • • • • • •
1   '뉴에이지'란 서구 물질문명의 폐해를 비판하면서 새로운 가치를 추구하는 여러 분야의 사회운동을 아우르는 말이다. 20세기에 등장해 특히 1980년대에 미국에서 유행했는데, 대체로 개인이나 작은 집단의 영적 각성을 추구하는 경향을 보인다. 다양한 해석이 가능한 추상적이고 모호한 주장 탓에, 추구하는 바가 불분명하다는 비판을 받기도 한다.

Q "우리 자신을 아낌없이 준다"는 것은 무엇을 뜻합니까?

A 저에게 "우리 자신을 준다"는 말은 지금 이 순간 내 안에 살아 있는alive 것을 솔직하게 표현한다는 것을 뜻합니다. 신기하게도, 어떤 문화권에서나 처음 만났을 때 "안녕하세요?"라는 말로 반가움을 표합니다. 단어는 서로 다르지만, 영어로는 그것을 "How are you?"라고 하고, 스페인어로는 "¿Cómo estás?(꼬모 에스따스?)", 불어로는 "Comment allez-vous?(꼬망 딸레부?)", 독일어로는 "Wie Geht es Dir?(비 게트 에스 디어?)"라고 하죠.

우리는 이 말을 거의 사회적인 의례로 사용하지만, 실은 아주 중요한 질문입니다. 왜냐하면 우리가 평화롭고 조화롭게 같이 살려면, 서로의 행복well-being에 기여하는 즐거움으로 살려면, 서로가 지금 어떻게 느끼고 무엇을 원하는지를 아는 게 중요하기 때문입니다. 그래서 이 질문이 그토록 중요합니다. 언제라도 상대방 안에 지금 무엇이 살아 움직이는지를 알 수 있다는 것은 얼마나 큰 선물입니까?

자신을 선물로 주는 것은 사랑의 표현입니다. 어떤 순간에라도 내 안에 지금 무엇이 일어나고 있는지를 솔직하게 보여주는 것 말고는 어떤 다른 의도도 없이 자신을 그대로 드러내 보일 때, 그것은 선물입니다. 비난이나 판단, 또는 벌을 주려는 것이 아니고, 단지 "내가 여기 이렇게 있어요, 그리고 나는 이것을 원해요"라고 그 순간 나의 취약한 점vulnerability을 드러낼 따름입니다. 그것이 저에게는 사랑을 나타내는 것입니다.

우리 자신을 주는 또 다른 방법은 다른 사람의 메시지를 우리가 어떻게 받아들이는지를 통해 나타납니다. 비판하지 않으면서 상대방 안에 생동하는 것과 연결하면서 공감으로 듣는 것입니다. 그 순간 상대편이 어떤지, 무엇을 원하는지 그대로 듣는 것입니다.

비폭력대화는 제가 사랑이라고 이해하는 것을 표현하는 바로 그것입니다. 그런 뜻에서 유대-그리스도교의 "네 이웃을 네 자신과 같이 사랑하라Love your neighbor as yourself"[2], "심판하지 말라. 네가 네 심판대로 심판받을 것이다Judge not lest you be judged"[3]와 비슷한 개념입니다.

• • • • • • • •
2   레위기 19장 18절, 마태복음 22장 39절. "네 이웃을 네 몸과 같이 사랑하라"로 옮기기도 한다.

3   마태복음 7장 1절~2절

Q 비폭력대화는 사랑을 구현하고 싶은 선생님의 바람에서 나왔다는 말씀이신가요?

A 심리학 중에서 실험과 관찰로 건강한 인간관계의 특징들을 연구한 결과에서 도움을 받았고, 또한 자신의 삶에서 사랑을 구현하면서 살아가는 사람들을 연구하면서도 도움을 받았습니다. 이런 자료들을 바탕으로 제가 사랑이라고 이해하는 방법으로 사람들과 연결하는 데 도움이 되는 프로세스를 만들어 냈습니다.

그리고 나서 제가 사람들과 실제로 그런 식으로 연결할 때 어떤 일이 일어나는지 보게 되었습니다. 그것은 제가 사랑의 신성한 에너지라고 부르는 그 에너지의 아름다움과 힘과 연결되는 것이었습니다. 그래서 비폭력대화는 내가 내 안에 있는 이 아름다운 신성한 에너지와 연결하여 사는 것을 도와주고, 다른 사람들 안에 있는 그 에너지와도 내가 연결하는 것을 도와줍니다. 내 안의 신성한 에너지와 다른 사람 안의 신성한 에너지가 만날 때 일어나는 일은 분명히 우리가 신과 연결될 때 일어나는 일에 가장 가까운 경험일 것입니다.

비폭력대화의 핵심 목적은 다른 사람과 연결하고 그럼으로써 신성한 에너지와 연결되어, 연민으로 주고받는 것을 가능하게 하는 것입니다. 이 점을 기억하는 것이 무엇보다 도움이 됩니다. 그것은 가슴에서 나와서 기꺼이 주는 것입니다.

의무나 책임감, 벌에 대한 두려움, 보상, 죄책감이나 수치심 때문이 아니라 제가 우리의 본성이라고 생각하는, 즉 다른 사람에게 주는 것을 즐거워하는 마음에서 우러나와 자신과 다른 사람을 돌보는 것입니다.

비폭력대화에서는 우리의 본성이 드러나는 것을 허용하는 방식으로 서로 연결하려고 노력합니다. 주는 것을 즐기는 것이 우리의 본성이라고 말하면, 어떤 사람들은 제가 약간 순진하거나 세상에서 일어나고 있는 폭력에 대해 통 모르고 있는 게 아닌지 의아해합니다. 세상에서 일어나고 있는 일들을 알면서도 어떻게 연민으로 주는 것을 즐거워하는 것이 우리의 본성이라고 생각할 수 있을까 하면서요.

저는 르완다, 이스라엘, 팔레스타인, 스리랑카 같은 데서 일을 하면서 이 세상에서 일어나는 여러 가지 형태의 폭력을 잘 알고 있습니다. 불행하게도 많이 봅니다. 그러나 그것이 우리의 본성이라고 생각지 않습니다.

제가 NVC를 나누는 일을 하는 모든 곳에서 사람들에게 이렇게 물어봅니다. "여러분이 지난 24시간 동안 한 일 중에서 어떤 방법으로든 누군가 다른 사람의 삶을 더 근사하게 만드는 데 기여한 행동 하나를 생각해 보세요."

다들 무언가 떠올리고 나면 저는 이렇게 물어봅니다.

"자, 당신의 그 행동으로 누군가의 삶을 더 풍요롭게 하는 데 기여했다는 것을 의식할 때 어떻게 느끼십니까?"

모든 사람의 얼굴에 미소가 떠오릅니다. 보시다시피 우리에게 삶을 풍요롭게 할 수 있는 힘이 있다는 것을 의식할 때 우리는 즐겁습니다. 삶에 기여할 때 기쁩니다. 이어서 저는 이렇게 묻습니다.

"우리가 가진 힘을 이렇게 쓰는 것보다 더 보람 있게 쓰는 것을 생각할 수 있으신가요?"

저는 이 질문을 이 지구의 여러 곳에서 해 보았는데, 모든 사람이 동의하는 것 같습니다. 우리의 힘을 삶에 이바지하고 서로의 행복에 기여하는 데 쓰는 것보다 더 훌륭하고 즐거운 것은 없습니다.

Q 우리가 신God과 연결하는 것을 우리의 자아가 방해할 때 그것을 어떻게 방지하나요?

A 자아Ego라는 것이 우리 문화가 우리를 특정한 방식으로 생각하도록, 또 소통하도록 훈련한 것과 꼭 맞물려 있다는 점을 알아차리는 겁니다. 그리고 문화가 어떻게 우리 욕구를 특정한 방법으로 충족하도록, 욕구와 그것을 충족하는 수단을 혼동하도록 우리를 훈련해 왔는지를 보는 것이지요.

그래서 저는 문화가 이 세 가지 방법으로 내게 진정으로 도움이 되지 않는 일을 하도록 나를 프로그래밍하고 있고, 신성한 에너지와 연결하기보다는 자아로서 행동하도록 나를 부추긴다는 것을 의식하려고 항상 노력합니다. 저는 이렇게 문화에서 배운 생각 패턴을 스스로 항상 의식하는 훈련을 하는 데 힘써 왔고, 그 방법들을 비폭력대화에 넣었습니다.

Q **그러면 우리 문화의 언어가 신성한 에너지를 더 직접 아는 데 방해가 된다고 믿으시는 건가요?**

A 아, 예. 그렇고말고요. 제 생각에는 우리가 사용하는 말이 그것을 힘들게 합니다. 특히 우리 대부분이 거쳐 온 문화적인 훈련에서 배운 언어가 그렇습니다. 특히 신이라는 말과 연관해서 대부분의 사람들이 떠올리는 것들이 그렇습니다.

오랫동안 비폭력대화를 가르치면서 본 것은, 판단하고 '옳다/그르다'로 생각하는 패턴을 넘어서는 것이 사람들에게 제일 어려운 일이라는 것입니다. 저와 같이 공부하는 사람들 대부분이 학교와 교회를 다녔기 때문에, 비폭력대화를 배우고 좋아하게 되고 나면 그것이 소통하는 "옳은 길"이라고 쉽게 말을 합니다. 이런 분들은 비폭력대화를 목적으로 생각하기 아주 쉽습니다.

이 질문에 답하기 위해서 불교의 비유를 조금 바꾸어서 말해 보겠습니다. 완전히 아름답고 신성한 장소를 상상해 보세요. 정말로 신을 알 수 있는 곳 말입니다. 그런데 그곳과 당신 사이에 강이 있다고 합시다. 당신은 그곳에 가고 싶고 그러려면 그 강을 건너야 합니다. 그래서 당신은 강을 건너기에 정말 유용한 뗏목을 하나 구했습니다. 그 아름다운 장소에 가려면 강을 건너고 나서 몇 킬로미터를 더 가야 합니다. 불교 비유에서는 "그 뗏목을 계속 등에 지고 신성한 장소를 향해 걷는 사람은 어리석다"고 끝을 맺습니다.

비폭력대화는 문화적 조건화라고 부르는 강을 건너 그곳에 다다를 수 있는 도구입니다. NVC는 그 장소가 아닙니다. 만약 그 뗏목에 집착하고 매달린다면, 그곳에 닿기가 더 어려워집니다. 비폭력대화를 처음 배우는 분은 그곳에 대해서는 다 잊어버릴 때가 있습니다. 그 뗏목에 너무 묶여 있으면 기계적으로 됩니다.

비폭력대화는 우리가 신성함과 연결되어 그 신성한 에너지로 서로를 대하는 방법으로, 제가 아는 한 가장 강력한 도구입니다. 그곳이 제가 다다르고자 하는 곳입니다.

Q 이것이 비폭력대화의 영적 기반입니까?

A 저에게 영적인 기반이란 제가 다른 사람 안에 있는 신성함과 연결하고 그 사람들이 내 안의 신성함과 연결하도록 제가 노력하는 것입니다. 왜냐하면 우리가 진실로 서로 안에 있는 영성과 연결되었을 때, 우리는 서로에게 기여하는 것을 무엇보다도 즐거워한다고 저는 믿기 때문입니다.

그래서 우리가 자신과 다른 사람 안의 신성한 에너지와 연결되면 우리는 일어나는 모든 것을 즐길 수 있을 것이고, 그것이 저에게는 영적 기반입니다. 그곳에서는 폭력이 불가능합니다.

●○ ●

Q 지금 세상의 폭력은 신성한 에너지와 연결이 되어 있지 않아서 생기는 것인가요?

A 이렇게 말해 보겠습니다. 우리는 우리가 원하는 세상을 선택하고 그것을 만들어 갈 수 있는 선물을 받았다고 생각합니다. 즐겁고 서로를 돌보는 세상을 이루도록 이 아름답고 풍성한 지구를 받았습니다. 우리가 이 신성한 에너지와 단절될 때 이 세상에 폭력이 일어난다고 생각합니다. 단절이 되도록 교육을 받았는데 어떻게 연결이 되겠어요? 저는 문화적인 조건화와 교육이 그런 단절을 가져온다고 믿습니다. 특히 신에 관한 교육이 그렇습니다. 또, 우리가 원래 폭력적인 것이 아니라 그렇게 되도록 교육을 받았다고 저는 믿습니다.

신학자 월터 윙크Walter Wink는 우리가 약 8천 년 동안 폭력을 즐기도록 교육을 받았기 때문에 우리의 본성인 연민에서 멀어졌다고 말합니다. 왜 우리가 그런 식으로 교육을 받았는가 하면, 그것은 좀 긴 이야기라서 여기에서는 오래전에 시작된, 인간의 본성에 관한 신화에 대해서만 간단하게 말씀드리겠습니다.

그 신화는 인간의 본성이 근본적으로 사악하고 이기적이며, 선한 삶이란 악evil의 세력을 쳐부수는 영웅적인 힘에 있다는 신화가 나오면서 시작되었습니다. 윙크는 그의 책[4]에서, 지배 체제가 신에 대한 어떤 가르침들을 사람들에 대한 억압을 유지하는 데 어떻게 이용하는지 보여 주고 있습니다. 그래서 왕과 사제들이 서로 긴밀하게 연결되어 있었습니다. 왕은 처벌과 억압 등을 정당화하는 방식으로 성서를 해석하는 사제가 필요했습니다.

우리는 이렇게 파괴적인 신화 속에서 오랫동안 살아왔고, 그런 파괴적인 신화에는 특정한 말이 필요합니다. 그것은 사람을 비인격화해서 어떤 사물object로 만드는 말입니다. 그래서 우리는 서로를 판단하는 눈으로 보는 것을 배웠습니다. 우리 머릿속은 옳다, 그르다, 좋다, 나쁘다, 이기적이다, 이기적이지 않다, 테러리스트다, 자유 투사다 같은 말로 가득 차게 되었습니다.

이것과 관련해서 어떤 나쁜 일을 하면 '당연히' 벌을 받아야 하고, 좋은 일을 하면 상을 받아야 한다는 생각에 바탕을 둔 정의 개념이 나왔습니다. 불행하게도 우리는 지난 8천 년 동안 이런 의식에 복종하며 살아왔습니다. 이 지구상의 모든 폭력의 핵심은 잘못된 교육에 있다고 생각합니다.

• • • • • • •

4   월터 윙크, 『기득권자들The Powers That Be: Theology for a New Millenium』, Three Rivers Press, 1999.

비폭력대화는 우리가 우리의 본성으로 좀 더 가까이 갈 수 있도록 생각과 말, 그리고 소통을 통합한 것입니다. 비폭력대화는 가장 즐겁게 사는 방법인, 서로의 행복에 기여하면서 연결하는 데 도움이 되는 방식입니다.

Q 이런 조건화conditioning를 어떻게 극복할 수 있나요?

A 저는 갈등으로 심한 고통을 겪고 있는 사람들 사이에 있을 때가 가끔 있습니다. 한번은 20여 명의 세르비아 사람들과 거의 같은 숫자의 크로아티아 사람들 사이에서 일한 경험이 있습니다. 그중에는 반대편 사람 손에 가족을 잃은 사람도 있었고, 양쪽 다 몇 세대 동안이나 상대편에 대한 독설을 머릿속에 가득 채우며 자랐습니다.[5] 처음 사흘은 온통 서로 상대편에 대한 분노와 고통을 표현하며 보냈습니다. 다행히 우리는 7일간 같이 지냈습니다.

비폭력대화의 힘을 이야기하면서 아직 쓰지 않은 말이 하나 있습니다. '필연적inevitability'이라는 말입니다. 제가 거듭 보는 것은, 무슨 일이 있었나와 상관없이, 만일 사람들이 비폭력대화에서 말하는 방법으로 서로 연결되면 필연적으로 즐겁게 서로 주고받게 된다는 것입니다. 필연적이에요. 우리가 하는 일이 제게는 마치 마술 쇼를 보는 것 같아요. 너무 아름다워서 말로 표현할 수가 없습니다.

그러나 때로 이 신성한 에너지는 제가 원하는 만큼 빨리

••••••••
5   냉전 종식 후 유고슬라비아연방 해체 과정에서 1991년 세르비아와 크로아티아 간에 내전이 벌어져 양쪽 군대가 상대편 주민을 서로 학살하는 참극이 빚어졌다. 오랜 역사적 갈등에서 비롯한, 20세기의 대표적인 민족 분쟁 중 하나이다.

일을 하지 않습니다. 이전 상황의 극심한 분노와 고통 가운데 있으면서 제가 이런 생각을 했던 기억이 납니다.

'신성한 에너지시여, 이 고통들을 치유할 수 있다면 왜 이렇게 오래 걸리시나요? 왜 이 사람들이 이렇게 힘든 과정을 거치게 하시나요?'

저는 그 에너지가 저에게 이렇게 말하는 것을 들었습니다.

'너의 에너지로 네가 할 수 있는 만큼 연결을 해라. 너 자신이 먼저 연결을 하고, 다른 사람들이 그들 자신과 연결하도록 도와라. 그리고 나머지는 나에게 맡겨라.'

제 머리 한쪽에서는 이런 생각을 하면서도, 우리가 계속해서 우리 안에 그리고 다른 사람 안에 있는 신성한 에너지와 연결을 하면 기쁨joy이 필연코 오리라는 것을 알고 있었습니다. 그리고 그렇게 되었습니다. 엄청난 아름다움으로 나타났습니다. 마지막 날에는 모든 사람이 기쁨에 대해 이야기를 하면서 이런 말을 했습니다.

"우리가 겪은 고통들 때문에 저는 다시는 이런 기쁨을 느낄 수 없을 거라고 생각했습니다."

모두가 말하는 주제였습니다. 그날 밤, 일주일 전에는 서로 상상할 수 없을 정도로 고통만 느꼈던 사람들이 같이 상대방의 노래를 하고 상대방의 춤을 함께 추면서 삶의 기쁨을 축하했습니다.

Q **사람 사이의 이런 연결은 신을 앎으로써 얻을 수 있는 것인가요?**

A 저는 신을 지적으로 생각하는 일과는 거리를 두고 싶습니다. 그런데 만일 "신을 아는 것"이 사랑의 신성한 에너지와 깊이 연결됨을 뜻하는 말이라면, 매 순간 천국을 경험할 수 있게 될 것입니다.

신을 앎으로써 필연적으로 얻게 되는 것이 천국이라는 말은, 아무리 어려운 일이 일어나고 있더라도 우리가 이런 차원에서 연결을 할 수 있다면, 우리가 서로의 안에 있는 신성한 에너지와 연결한다면, 우리가 삶에서 받고 주는 것을 즐기게 된다는 것을 뜻합니다.

저는 사람들과 일하면서 너무나 험한 일들을 많이 겪었고 또 알고 있기 때문에 더는 걱정을 하지 않습니다. 필연적으로 일어나니까요. 그런 질적인 연결을 이룰 수 있다면, 우리 모두가 원하는 곳에 도달할 수 있습니다.

이런 연결이 얼마나 효과적인지 저도 놀라곤 합니다. 그 비슷한 예는 이스라엘과 팔레스타인의 정치적·종교적 극단주의자들 사이에서도 있었고, 르완다의 후투족과 투치족, 그리고 나이지리아의 기독교 부족과 무슬림 부족 간에도 있었습니다.[6] 정말 놀라운 점은, 이런 모든 상황에서 화해와 치유가 믿을 수 없을 정도로 쉽게 일어난다는 것입니다.

다시 한 번 말하면, 우리가 해야 할 일은 양쪽이 다 상대편의 욕구need와 연결할 수 있게 하는 것뿐입니다. 제가 보기에는 욕구가 신성한 에너지와 연결하는 가장 빠르고 가까운 길입니다. 모든 사람이 같은 욕구를 가지고 있습니다. 우리가 살아 있는 한 에너지는 우리에게 옵니다.

• • • • • • •
6   이스라엘과 팔레스타인, 르완다, 나이지리아는 모두 역사적 배경에 따른
     영토·종족·종교 분쟁으로 오랫동안 전쟁 또는 내전을 겪어 온 지역으로,
     그 과정에서 수많은 사람들이 희생되었고 지금도 희생이 계속되고 있다.

Q 그러면 구체적으로 어떻게 그 신성한 에너지와, 다른 사람과 연결하는 건가요?

A 두 부분이 있는데요, 하나는 어떻게 삶의 언어로 우리 자신을 표현하는가를 배우는 것입니다. 다른 하나는, 어떻게 다른 사람들의 메시지를 듣고 대응하는가를 배우는 것이고요. 비폭력대화에서는 우리 관심의 초점을 중요한 두 가지 질문에 둡니다. 우리 안에 무엇이 생동하고 있는가?What's alive in us? 그리고 삶을 더 풍요롭게 만들기 위해서 우리는 무엇을 할 수 있는가?What can we do to make life more wonderful?

첫 번째 질문, "내 안에는 무엇이 생동하고 있고, 당신 안에는 무엇이 생동하고 있는가?"는 앞에서 말했듯이 세상 어느 곳에서나 사람들이 만나면 서로 묻는 말입니다. "안녕하세요?How are you?"

애석하게도, 모두 그 말을 하지만 그 물음에 제대로 답할 줄 아는 사람은 얼마 없습니다. 왜냐하면 우리가 삶의 언어로 교육받지 못했기 때문이지요. 우리는 묻기는 해도 대답할 줄은 모릅니다. 비폭력대화에서는 우리 안에 생동하는 것을 어떻게 표현하고 상대편에게 보여 줄 수 있는지, 그 방법을 제시합니다. 그리고 상대방이 자신을 비폭력대화로 표현하는 말을 모르더라도, 어떻게 그 사람 안에 생동하는 것과 연결할 수 있는지를 보여 줍니다.

Q 우리 안에 생동하는 것을 어떻게 보여 주나요?

A 우리 안에 생동하는 것을 표현하려면 세 가지 어휘 능력이 필요합니다.

우선, "당신 안에 무엇이 생동하고 있습니까?"라는 질문에 어떤 평가도 섞지 않으면서 답을 할 수 있어야 합니다. 제가 관찰observation이라고 하는 것입니다. 사람들이 우리가 좋아하거나 싫어하는 어떤 행동을 하고 있나요? 이건 소통하는 데 아주 중요한 정보입니다.

우리 안에 생동하는 것을 전하려면 상대편이 하는 어떤 구체적인 행동이 우리 삶에 기여하거나 기여하지 않는지 말해 줄 필요가 있습니다. 이 말을 어떤 평가도 섞지 않으면서 그 사람에게 말해 주는 법을 배우는 것이 중요합니다. 그래서 관찰은 우리 안에 무엇이 생동하고 있는지를 다른 사람에게 말할 때 첫 번째 단계입니다.

관찰은 우리가 좋아하거나 싫어하는 그들 자신의 행동에 상대편이 주의를 기울이게 하는 것입니다. 그것을 평가와 섞지 않고 표현할 수 있어야 합니다.

상대방의 행동을 관찰하고 나서, 우리가 비폭력대화로 계속한다면, 우리는 관찰에 대해서 솔직하기를 원합니다. 그런데 여기서 말하는 솔직함은 그 사람이 무엇을 잘못하고 있는지를 지적하는 것과는 다른 종류의 솔직함입니다. 가슴에서 나오는 솔직함입니다. 우리 안으로 들어가서, 이 사람이 이 행동을 했을 때 우리가 어땠는지를 말하는 것입니다.

그렇게 하려면 다른 두 종류의 어휘, 느낌말과 욕구말이 필요합니다. 어떤 순간이든 우리 안에 생동하는 것을 분명히 말하기 위해서는 우리가 어떻게 느끼고 무엇을 원하는지 명확하게 알아야 합니다. 우선 느낌으로 시작해 봅시다.

우리는 어느 순간이든 느낌이 있습니다. 문제는 우리 안에서 생동하는 것을 의식하도록 배우지 못했다는 것입니다. 우리의 의식은 밖을 향해 있어서 권위자들이 우리를 어떻게 보는지에 집중하고 있습니다. 각자가 자란 문화에 따라 느낌을 표현하는 방식에 차이가 있을 수 있지만, 중요한 점은 상대편에 대한 나의 해석을 섞지 않으면서 우리 안에 생동하는 것만을 표현하는 느낌말을 쓰는 것입니다.

느낌을 표현할 때 "오해받은 느낌이다" 같은 말은 쓰지 않기를 바라는데, 왜냐하면 이런 말은 진정한 느낌이라기보다는 상대방이 우리를 이해했는지 못 했는지에 대한 우리의 분석을 나타내는 말이기 때문입니다. 어떤 사람이 우리를 오해하고 있다고 생각할 때, 우리는 화가 날 수도 있고, 좌절감이 들 수도 있고, 여러 가지 다른 느낌일 수 있습니다.

같은 맥락에서, "조종당한 느낌이다", "비난받은 느낌이다" 같은 말은 쓰지 않기를 바랍니다. 우리가 하는 훈련에서 이런 말은 느낌말로 여기지 않습니다. 슬프게도 사람들 대부분이 느낌말이 풍부하지 못하고, 저는 그 대가를 항상 보고 있습니다.

당신이 표현하는 느낌이 진정으로 당신 안에 생동하는 것의 표현인지, 혹시 상대방을 진단하는 생각인 것은 아닌지 분명히 하시기 바랍니다. 가슴 안으로 들어가세요. 상대편이 그 행동을 했을 때 당신은 어떻게 느끼시나요?[7]

Q 단지 '우리가 어떻게 느끼고 있는지'를 다른 사람에게 말하기만 하면 된다고 제안하시는 건가요?

A 아닙니다. 만약 상대방의 행동 때문에 우리가 어떻게 느낀다는 뜻으로 느낌을 표현한다면, 느낌은 파괴적인 방식으로 사용될 수 있습니다. 우리 느낌의 원인은 우리의 욕구에 있는 것이지, 다른 사람의 행동에 있는 것이 아니기 때문입니다. 그리고 바로 이 '욕구needs'가 우리 안에 생동하고 있는 것을 표현하는 세 번째 요소입니다. 우리 안에 생동하는 것과 연결하는 것은 곧 우리 자신 안에 있는 신성한 에너지와 연결하는 것입니다.

제가 여섯 살 때, 우리 동네에서는 누군가가 우리에게 욕을 하면 이런 말로 대응하곤 했습니다.

"막대기와 돌멩이는 내 뼈를 부러뜨릴 수 있을지 몰라도, 말은 절대로 내게 상처를 주지 못해."

그렇다면 우리에게 상처를 줄 수 있는 것은 다른 사람들이 우리에게 무엇을 하느냐가 아니라, 우리가 그것을 어떻게 받아들이느냐에 달린 문제라는 것을 알 수 있습니다.

하지만 권력자, 교사, 부모는 자신들이 원하는 것을 우리가 하도록 하기 위해 죄책감을 사용했는데, 우리는 죄책감을 만들어 내는 여러 방법으로 교육을 받았습니다. 그들은 느낌을 아마 이런 식으로 표현할 것입니다. "네가 방을 깨끗하게 치우지 않으면 엄마가 속상해.""네가 동생을 때려서 내가 화가 나." 그들의 느낌에 대해 우리가 책임을 느끼고 죄책감을 가지도록 하려는 사람들에게 우리는 교육을 받았습니다.

느낌은 중요하지만, 우리는 느낌말이 그런 식으로 쓰이지 않기를 바랍니다. 죄책감을 만들어 내는 방식으로 느낌말을 사용하는 걸 바라지 않습니다. 느낌을 표현할 때, 느낌을 표현한 직후에 우리 느낌의 원인이 우리의 욕구라는 점을 분명히 하는 것이 아주 중요합니다.

Q

사람들이 자기 욕구를 쉽게 표현하지 못하게 방해하는 것은 무엇인가요?

A

사람들 대부분이 느낌말을 풍부하게 쓰는 것을 어려워하는 것과 마찬가지로, 욕구말을 풍부하게 사용하는 것도 어려워합니다. 실제로 많은 사람들이 욕구를 아주 부정적인 생각들과 짝을 짓습니다. 사람들은 욕구와 관련해 '가난한', '의존적인', '이기적인' 같은 말들을 연상합니다. 이런 생각들은 권위에 복종하고 지배 구조에 순종하며 살도록 사람들을 교육해 온 역사에서 비롯했다고 봅니다. 자, 한번 보세요. 자기 욕구에 충실한 사람들은 좋은 노예가 되지 않습니다.

저는 21년 동안 학교를 다녔는데, 제 욕구가 무엇인지 물어보는 사람은 한 명도 없었습니다. 학교에서 가르치는 교육은 나를 좀 더 생동감 있게 하거나, 나 자신이나 다른 사람들과 더 깊이 연결하도록 돕는 데 관심을 두지 않았습니다. 그저 권위자들이 정해 놓은 정답을 맞힐 때 상을 주는 식이었지요.

우리가 욕구를 설명할 때 쓰는 욕구 목록(p.72)에 어떤 단어들이 나오나 한번 살펴보면, 욕구는 어떤 특정한 사람이 특정한 행동을 하는 것과는 관계가 없다는 것을 알 수 있습니다.

욕구는 보편적universal입니다. 모든 사람은 같은 욕구를 가지고 있습니다. 욕구 차원에서 연결할 수 있을 때, 서로의 인간성을 볼 때, 해결될 수 없을 것만 같았던 여러 갈등들이 해결되는 걸 보면 참으로 놀랍습니다.

저는 갈등이 있는 여러 사람들과 많은 작업을 합니다. 남편과 아내, 부모와 자식, 여러 부족 사이에 수많은 갈등이 있습니다. 이러한 많은 사람들은 자기네 갈등이 도저히 해결할 수 없는 것이라고 생각합니다. 하지만 저는 오랫동안 갈등 해결과 중재를 해 오면서, 사람들이 상대편에 대한 판단을 넘어 서로 상대방 안에서 일어나고 있는 욕구 차원에서 연결할 때 거의 해결 불가능해 보이던 갈등들이 정말로 쉽게, 저절로 녹아내리듯이 해결되는 것을 지켜봤습니다. 그건 경이로움 그 자체입니다.

Q **느낌과 욕구를 표현한 다음에는 무엇을 하나요?**

A 지금까지 "우리 안에 생동하는 것이 무엇인가?"라는 첫 번째 질문에 답하는 데 필요한 세 가지 정보, 즉 '우리가 관찰한 것이 무엇인가', '우리가 느끼는 것이 무엇인가', '그 느낌과 연결된 욕구는 무엇인가'를 표현했습니다.

여기서 우리는 두 번째 질문에 답을 하게 되는데, 그 질문이란 "삶을 좀 더 멋지게 만들기 위해서 우리가 할 수 있는 것은 무엇인가? 내 삶이 좀 더 멋지도록 당신이 할 수 있는 일이 무엇인가? 당신의 삶이 좀 더 멋지도록 내가 할 수 있는 일이 무엇인가?"입니다. 그것이 우리 안에 있는 그 신성한 에너지와 연결하는 작업의 나머지 절반입니다. 즉 다른 사람의 삶을 좀 더 멋지게 하기 위해서 어떻게 하면 그 사람 안에 생동하는 것과 '공감적 연결empathic connection'을 할 수 있을까 하는 것입니다.

공감적으로 연결한다는 것이 무슨 뜻인지 말해 보겠습니다. 공감이란 특별한 방식으로 이해하는 것입니다. 다른 사람의 말을 단지 지적인 차원에서 머리로 이해하는 것이 아닙니다. 공감은 그것보다 훨씬 더 깊고 소중한 것입니다.

공감적 연결이란 다른 사람 안에 있는 아름다움을, 신성한 에너지를, 생동하는 삶을 가슴으로 이해하는 것입니다. 그 아름다움과 신성한 에너지와 생동하는 삶과 연결하는 것입니다. 머리로 이해하는 게 아니라 가슴으로 연결하는 것입니다. 공감은 다른 사람과 같은 느낌을 우리가 느껴야 한다는 뜻이 아닙니다. 그건 동감sympathy입니다. 나는 슬픈데 다른 사람은 화가 나 있을 수 있습니다. 여기서 말하는 공감은 똑같은 느낌을 가지는 게 아니라 다른 사람과 함께 있는 것을 뜻합니다.

이렇게 특별한 방식으로 이해하려면 한 인간이 다른 인간에게 줄 수 있는 가장 소중한 선물 하나가 필요합니다. 그것은 그 순간 현존presence하는 것입니다. 만약 다른 사람을 머리로만 이해하려 한다면, 우리는 이 순간 존재로 있는 것이 아닙니다. 그냥 거기 앉아서 상대편을 분석하고 있을 뿐이지, 함께하고 있는 것이 아닙니다. 그래서 공감적 연결이란 '지금 이 순간 다른 사람 안에 생동하는 것과 연결하는 것'을 뜻합니다.

Q **우리가 서로의 삶과 연결하지 못하게 하는 것은 무엇이라고 생각 하십니까?**

A 우리는 '나에게 뭔가 문제가 있다'고 생각하도록 교육을 받 았습니다. 제가 여러분께 제안하고 싶은 것이 하나 있는데 그것은 절대로, 절대로, 절대로 다른 사람이 여러분에 대해 서 어떻게 생각하는지를 듣지 말라는 것입니다.

제가 예측하건대, 만약 여러분이 '사람들이 나에 대해 어 떻게 생각하는지'를 절대로 듣지 않는다면, 여러분은 삶을 더 즐기면서 더 오래 살 수 있을 것입니다. 그런 말들을 절대 로 개인적으로 받아들이지 마세요. 제가 권하는 것은, 다른 사람들이 우리에게 어떤 메시지를 보내든지 그 메시지와 공 감으로 연결하는 방법을 배우자는 것입니다.

비폭력대화에서는 공감으로 듣는 방법을 보여 줍니다. 다른 사람이 무슨 행동을 하든 무슨 말을 하든 상관없이, 어떠한 순간에도 그 사람 안에 있는 아름다움을 볼 수 있 는 방법을 알려 줍니다. 그러기 위해서는 '지금 이 순간 다 른 사람 안에 있는 느낌과 욕구'에 연결하고, 상대방 안에 생동하는 것과 연결할 필요가 있습니다. 그렇게 연결할 때, 상대편이 지금 부르고 있는 아주 아름다운 노래를 듣게 될 것입니다.

한번은 제가 워싱턴주에 있는 한 학교에서, 함께 작업하던

열두 살 된 학생들에게 어떻게 사람들과 공감으로 연결할 수 있는지 보여 준 적이 있습니다. 학생들은 부모님과 선생님을 어떻게 대하면 좋을지 알고 싶어 했습니다. 학생들은 자기네 속마음을 드러낼 때 듣게 될 반응을 두려워하고 있었습니다.

학생 하나가 "마셜 선생님, 제가 어떤 선생님께 이해가 안 되니 다시 설명해 달라고 솔직하게 말씀드렸더니, 선생님께서 '못 들었니? 벌써 두 번이나 설명했잖아!'라고 말씀하시는 거예요"라고 했습니다. 그리고 또 다른 학생은 "어제 아빠한테 뭘 좀 사 달라고 욕구를 표현했는데, '너는 우리 가족 중에서 제일 이기적인 아이야'라는 말만 들었어요"라고 했습니다.

학생들은 그들의 삶에서 그런 언어를 사용하는 사람들과 어떻게 공감적으로 연결할 수 있는지, 그 방법을 알고 싶어 했습니다. 왜냐하면 학생들은 그 말들을 개인적으로 받아들여서 자기에게 뭔가 잘못된 점이 있다고 생각하는 방식밖에 몰랐으니까요.

저는 학생들에게, 다른 사람들과 공감적으로 연결하는 방법을 배우면 사람들이 언제나 자신의 욕구를 표현하는 아름다운 노래를 하고 있다는 것을 알게 될 거라고 알려 주었습니다.[8] 그것이 바로 그 순간 상대방 안의 신성한 에너지와 연결할 때 상대편에서 오는 모든 메시지 뒤에서 여러분이 듣는 것입니다.

8   그러면서 마셜이 학생들에게 들려준 노래가 캐시와 레드 그래머Kathy & Red Grammer의 <나를 아름답게 보아 주세요See Me Beautiful>인데, 가사는 다음과 같다.

나를 아름답게 보아 주세요.
내 안에서 제일 좋은 것을 찾아봐 주세요.
그게 진짜 나예요
또 내가 되고 싶은 전부이고요.
시간이 좀 걸리겠죠,
찾기 힘들지도 몰라요,
그래도 나를 아름답게 보아 주세요.

나를 아름답게 보아 주세요.
매일 매일
그렇게 해 줄 수 있나요?
방법을 찾아볼 수 있나요?
내가 하는 모든 일에서
새어 나오는 찬란한 빛을 볼 수 있도록
그렇게 나를 아름답게 보아 주세요.

Q 다른 사람과 공감으로 연결한다는 것이 어떻게 하는 것인지 예를 들어 주실 수 있으세요?

A 우리는 '상대방이 한 행동이 무엇인지', '그때 나의 느낌은 어떤지', '충족하지 못하고 있는 나의 욕구는 무엇인지'로 대화를 시작했습니다. 이제 삶을 좀 더 멋지게 만들기 위해서 무엇을 할 수 있을까요? 네 번째는 명료한 부탁을 하는 것입니다.

'우리 삶을 좀 더 멋지게 만들기 위해서 다른 사람이 어떤 행동을 해 주기를 바라는지'를 상대방에게 부탁할 필요가 있습니다. 상대방의 행동과 관련해서 우리가 느끼는 아픔과, 충족하지 못하고 있는 욕구를 그 사람에게 말했습니다. 이제는 삶을 좀 더 멋지게 만들기 위해서 상대방이 무엇을 하기를 바라는지 말하는 것입니다.

비폭력대화에서는 긍정적인 행동 부탁하기를 제안합니다. 이게 무슨 뜻인지 설명해 보겠습니다.

긍정적 행동이란 여러분이 원하지 않는 것이나 상대방이 그만두기를 바라는 것이 아닌, 상대방이 하기를 바라는 행동을 뜻합니다. 우리가 원하지 않는 것을 말할 때와 우리가 원하는 것을 분명히 말할 때, 상황은 서로 완전히 달라집니다.

그 좋은 사례가 최근 워크숍에서 한 교사가 한 말입니다. "오! 마셜, 당신 덕분에 어제 있었던 일을 이해할 수 있게 되었어요." 저는 무슨 일이 있었는지 물었죠. 그이는 "수업 중에 계속해서 책을 두드리는 학생에게 '책 두드리지 말아 줘'라고 했더니, 이번에는 책상을 두드리는 거예요"라고 답하더군요.

보시다시피 원하지 않는 것을 말할 때와 원하는 것을 말할 때는 완전히 다릅니다. 누군가에게 어떤 것을 그만두게 하려고 할 때에는 처벌이 효과적인 방법으로 보입니다. 그러나 두 가지 질문을 우리 자신에게 던져 본다면, 두 번 다시 처벌을 사용하지 않을 겁니다.

아이를 키우는 데 처벌을 사용하지 않을 것이고, 범죄자들의 행동에 대해서도 처벌을 내리지 않는 사법과 교정 체계를 만들어 낼 것이고, 다른 나라가 우리에게 한 일에 대해서도 응징하려 하지 않을 것입니다.

처벌은 지는 게임입니다. 다음 두 가지 질문을 한다면, 왜 그런지 알게 될 것입니다. 첫 번째 질문은 '다른 사람이 무엇을 하기를 바라는가?'인데, 보시다시피 그것은 우리가 원하지 않는 것이 아닙니다. '다른 사람이 무엇을 하기를 원하는가?'에 관한 질문입니다. 여기서 이 질문만 한다면 가끔은 처벌이 유용해 보일 때가 있습니다. 왜냐하면 처벌을 사용해서 우리가 원하는 걸 누군가가 하도록 만드는 데 성공했던 순간들을 떠올릴 수 있으니까요.

하지만 두 번째 질문을 해 보면, 처벌은 결코 효과가 없다는 것을 알게 됩니다. 두 번째 질문이 무엇인가 하면, '우리는 다른 사람이 우리가 바라는 행동을 할 때 어떤 이유에서 하기를 원하는가?'입니다.

비폭력대화의 목적은 연결을 만들어 내는 것입니다. 그럴 때 사람들은 신성한 에너지에 연결되어 연민에서 우러나와 서로의 삶에 기여하기 위해 행동합니다. 처벌이 두려워서 또는 보상을 받고 싶어서가 아니라, 서로의 행복에 기여하면서 느끼는 자연스러운 기쁨에서 행동합니다. 그래서 우리는 부탁할 때 긍정적으로, 원하는 것을 표현하기를 바랍니다.

Q **욕구를 부탁으로 표현할 때, 어떻게 하면 강요로 들리지 않는 부탁을 할 수 있을까요?**

A 우리는 분명하고 적극적인 부탁을 하기를 원하지만, 그것이 강요가 아닌 부탁이라는 걸 다른 사람들이 알기를 바랍니다. 부탁과 강요의 차이는 무엇일까요? 우선, 정중하거나 다정하게 묻는다고 해서 부탁이 되는 것은 아닙니다.

만약 함께 살고 있는 사람에게 "집에 돌아와서 옷은 옷걸이에 걸어 줬으면 좋겠어요"라고 말한다면, 그건 부탁일까요 강요일까요? 아직은 알 수 없습니다. 얼마나 정중하게 말했는지, 명확하게 말했는지로 부탁과 강요를 구분할 수는 없습니다. 상대편이 우리 부탁을 들어주지 않았을 때 우리가 그 사람을 어떻게 대하는지에 따라 부탁과 강요가 구분됩니다. 거기서 우리가 말한 것이 부탁인지 강요인지가 드러납니다.

우리 부탁을 강요로 들은 사람들은 어떤 식으로 반응할까요? 부탁을 강요로 들었을 때 어떤 사람들은 아주 분명하게 보여 줍니다. 한번은 막내아들에게 "옷장에 네 코트를 걸어 주겠니?"라고 말하자, 아들이 "제가 태어나기 전에 아빠가 부리던 노예는 누구였어요?"라고 하더군요. 우리 부탁을 강요로 들었을 때 그것을 우리가 곧바로 알 수 있게 표현해 주는 사람들과 같이 지내는 건 그다지 어렵지 않습니다.

그러나 부탁을 강요로 듣고 그와 상당히 다르게 반응하

는 사람들도 있습니다. "알았어요"라고 말하고는 그 일을 하지 않는 사람들이 있습니다. 다음으로, 가장 안 좋은 경우는 우리 말을 강요로 받아들이면서도 "알겠어요"라고 한 다음에 그 말대로 행동하는 사람입니다. 그들은 강요로 듣고도 그대로 행동을 합니다. 그러지 않았을 때 생길 일에 대한 두려움에서 행동하는 것이지요.

죄책감이나 수치심, 의무나 책임, 처벌에 대한 두려움 때문에 누군가가 우리가 부탁한 대로 행동을 한다면, 그런 에너지에서 나와서 행동한다면 우리는 그 대가를 치르게 될 것입니다. 우리 모두의 내면에 존재하는 신성한 에너지와 사람들이 연결되어 있을 때에만, 우리는 그들이 우리를 위해서 뭔가를 해 주기를 바랍니다. 그 신성한 에너지는 우리가 서로 주고받으며 느끼는 기쁨을 통해 모습을 드러냅니다. 우리는 더는 처벌이나 죄책감 같은 것들을 피하기 위해 행동하지 않습니다.

Q 선생님께서 말씀하시는 것은 그저 모든 걸 허용하는 방임적인 태도 같은데, 훈육discipline에 대해서는 어떻게 생각하시는지요?

A 강제로 시키거나 강요하지 않으면 가정이나 나라에 질서가 서지 않을 거라고 믿는 사람들이 있습니다. 예컨대 함께 공부하던 한 어머니가 이런 말을 했습니다. "하지만 마셜 선생님, 사람들이 신성한 에너지에서 나와서 반응하리라고 희망하는 건 아주 타당하고 좋은 말이지만 어린아이는 어떤가요? 제 말씀은, 어린아이들은 '하지 않으면 안 되는 것'과 '해야만 하는 것'이 무엇인지 먼저 배워야 한다는 거예요."

이 어머니는 제가 생각하기에 오늘날 이 지구상에서 가장 파괴적이라고 생각되는 두 가지 단어와 개념을 사용하고 있습니다. 그것은 '하지 않으면 안 된다have to'와 '해야만 한다should'라는 말입니다. 이 어머니는 어른들뿐 아니라 아이들 안에도 신성한 에너지가 있다는 것을 믿지 않고 있었습니다. 그 신성한 에너지에서라면, 안 하면 처벌이 따르기 때문이 아니라 다른 사람의 행복에 기여할 때 오는 기쁨을 알기 때문에 행동할 것입니다.

그래서 저는 그 어머니에게 말했습니다.

"오늘 당신이 아이들에게 하고 싶은 말이 좀 더 부탁으로 들릴 수 있는 다른 방식을 보여 드릴 수 있기를 바랍니다. 그래서 아이들이 어머니의 욕구를 볼 수 있게 말입니다. 아이

053

들이 말을 듣지 않는 것은 그 일을 '하지 않으면 안 되는 것'이라고 생각하기 때문입니다. 아이들은 선택하고 싶어 하고 내면의 신성한 에너지에서 우러나와 행동하기를 원합니다."

그러자 그녀는 말했습니다. "저는 매일 하기 싫은 온갖 일들을 다 하고 있어요. 하지 않으면 안 되는 일들이 늘 있잖아요." 저는 예를 하나 들어 달라고 부탁했습니다. 그녀는 "좋아요. 얘기해 보죠. 오늘 저녁에도 여기를 나가자마자 집에 가서 식사 준비를 하지 않으면 안 되죠. 저는 요리하는 것을 정말 싫어해요. 진절머리 나게 싫지만, 그건 반드시 해야만 하는 여러 일들 중 하나에 불과하죠. 20년 동안 매일같이 그 일들을 했어요. 하기 싫어도 꼭 해야만 하는 일들이 있잖아요"라고 하더군요.

보시다시피 그녀는 신성한 에너지에서 우러나와 요리를 하고 있지 않았습니다. 그녀는 다른 의식으로 요리를 하고 있었습니다. 그래서 저는 그녀에게 말했습니다.

"그렇다면 오늘 제가 당신에게 신성한 에너지와 연결을 회복하고 오직 그 신성한 에너지에서 나와서만 부탁을 할 수 있게 생각하고 소통하는 방법을 보여 드리겠습니다. 그러면 당신이 자신을 표현하는 방법에 힘입어 다른 사람도 그 신성한 에너지에서 나와서 행동을 하게 될 것입니다."

그 어머니는 빨리 배우는 분이었습니다. 바로 그날 밤 집에 돌아가서 가족들에게 이제 더는 요리를 하고 싶지 않다고 선언했습니다. 그에 대한 가족들의 반응을 들을 기회가 있었습니다. 3주쯤 뒤에 그분의 두 아들이 워크숍 자리에 참석했는데, 워크숍 시작 전에 두 사람이 제게 오더니 "어머니가 워크숍에 다녀온 뒤로 우리 가족에 얼마나 큰 변화가 일어났는지 말씀드리고 싶어서 왔어요"라고 말했습니다. 저는 물었습니다. "오, 그래요? 그동안 나도 궁금했어요. 어머니가 자기 삶에서 바꾸고 있는 것들을 저에게 알려 주실 때마다, 다른 가족들에게는 어떤 영향을 미치고 있는지 알고 싶었거든요. 오늘 밤 만날 수 있어서 반가워요. 어머니가 집에 와서 더 이상 요리를 하고 싶지 않다고 말한 그날은 어땠나요?" 그러자 첫째 아들이 이렇게 말했습니다. "마셜 선생님, 그날 밤 저는 속으로 '하느님 감사합니다. 이제부터는 식사 때마다 엄마의 불평을 듣지 않아도 되겠구나'라고 생각했습니다."

내가 다른 사람 안에 생동하는 것과 연결하고 있다는 것을 어떻게 알 수 있을까요?

A 이 신성한 에너지는 우리가 연민으로 주고받는 것을 자연스럽게 만들어 줍니다. 그런데 만약 이 신성한 에너지에서 나오지 않은 행동을 한다면, 문화적으로 배운 패턴에서 나온 행동을 한다면, 다시 말해서 마땅히 그렇게 해야 하고 하지 않으면 안 되고 반드시 해야 해서 어떤 일을 하거나 죄책감이나 수치심이나 의무나 책임 때문에, 또는 보상을 얻기 위해서 뭔가를 한다면, 모든 사람이 대가를 치르게 됩니다, 모든 사람이요. 비폭력대화에서는 그 점을 명확히 하기를 원하고, 신성한 에너지로부터 나오는 행동이 아니라면 하지 않기를 바랍니다.

그리고 당신은 부탁받은 것을 기꺼이 할 마음이 생길 때가 바로 그 신성한 에너지에서 나오는 때라는 것을 알게 될 것입니다. 삶을 좀 더 멋지게 만드는 것이 유일한 동기라면 비록 힘이 들더라도 즐거운 일이 될 것입니다.

이제 모든 걸 종합해 보면 다음과 같습니다.

우리는 '우리 안에 생동하는 것'과 '우리 삶을 좀 더 멋지게 만들기 위해 상대방이 하기를 바라는 것'을 상대방에게 말하면서 대화를 시작할 수 있을 것입니다. 그런 다음, 상대방이 어떤 식으로 반응하든 간에 '상대방 안에 생동하는 것'과

'그들의 삶을 좀 더 멋지게 만들어 줄 것'과 연결하려고 노력합니다. 그리고 모든 사람의 욕구를 충족할 수 있는 방법을 찾아낼 때까지 이 대화의 흐름을 이어 갑니다.

그리고 우리는, 사람들이 동의한 방법이 어떤 것이든 간에, 서로의 행복에 기꺼이 기여하고자 하는 바람에서 자유롭게 동의하고 있는 것인지를 언제나 확인하기를 바랍니다.

Q 다른 사람과 연결하기 위해 실제로 이 프로세스를 어떻게 사용하는지 또 다른 예를 들어 주시겠어요?

A 미국을 달가워하지 않는 나라에 있는 한 난민 수용소에서 일하고 있을 때였습니다. 대략 170명 정도의 사람들이 있었는데, 거기서 통역관이 저를 미국인이라고 소개하자 한 사람이 벌떡 일어나서 "살인마!"라고 소리쳤습니다. 그날 제가 비폭력대화를 알고 있다는 데 감사했습니다. 비폭력대화 덕분에 저는 그 사람 말 뒤에 있는 아름다움, 그 사람 안에 생동하는 인간적인 면을 볼 수 있었습니다.

어떤 메시지라도 그 뒤에 있는 느낌과 욕구에 귀 기울이면 아름다운 인간적인 면을 볼 수 있습니다. 그래서 그분께 이렇게 말했습니다.

"미국의 적절한 지원이 필요했는데 그렇지 않아서 화가 나신 건가요?"

그분이 무엇을 느끼고 있고 욕구는 무엇인지 추측하기 위해 그런 질문을 했습니다. 제가 추측한 것이 틀릴 수도 있지요. 추측한 내용이 틀리더라도 진심으로 그 사람 안에 있는 신성한 에너지, 즉 그 순간 그 사람의 느낌과 욕구에 연결하려고 우리가 진지하게 노력한다는 것을 그 사람이 이해하게 된다면, 그 사람은 자신이 어떤 식으로 자신을 표현하든 우리가 그들 안에 있는 생동하는 것을 중요하게 여기리라는 것을 신뢰하게 됩니다.

우리의 이런 의도를 상대방이 신뢰하게 되면, 모든 사람의 욕구를 충족할 수 있는 연결을 만들어 내는 쪽으로 나아가게 됩니다. 그러나 그분의 경우에는 아픔이 너무 커서 그런 일이 곧바로 일어나지는 않았습니다.

그런데 추측이 적절했음을 보여 주는 일이 일어났습니다. 그분에게 "미국의 적절한 지원을 받고 싶은 욕구가 충족되지 않아서 화가 나신 건가요?"라고 묻자, "우리에게 필요한 건 하수처리 시설과 살 수 있는 집인데, 왜 당신네 나라는 자꾸 무기만 보내는 거냐고요"라고 말했습니다.

그래서 저는 "선생님, 하수처리 시설이나 주택이 필요한 상황에서 무기만 들어오는 것을 보는 게 무척 고통스럽다는 말씀이시지요?"라고 물었고, 그분은 "물론이죠. 이런 상황에서 28년 동안 산다는 게 어떤 건지 알기는 합니까?"라고 되물었습니다. 저는 "그로 인해 지금 정말 고통스럽고, 지금 처한 생활 여건에 대한 이해가 필요하다는 말씀이시지요?"라고 했습니다. 한 시간 후에 그분은 자기 집 라마단 저녁 식사에 저를 초대했습니다.

이것이 우리 안에 생동하는 것과 연결하고 서로의 인간성에 연결할 수 있을 때, 그리고 모든 메시지 뒤에 있는 느낌과 욕구에 연결할 수 있을 때 일어나는 일입니다.

그렇다고 언제나 소리 내어 입 밖으로 뭔가 말해야 한다는 뜻은 아닙니다. 가끔은 상대방의 느낌과 욕구가 분명하게 드러나 말로 하지 않아도 될 때가 있습니다. 우리가 정말로 연결하려 하는지 아닌지는 우리 눈빛에서 드러날 것입니다. 여기서 주목할 점은, 우리가 공감을 한다는 것이 곧 우리가 다른 사람의 말이나 행동에 동의한다는 것을 뜻하지는 않는다는 것입니다. 상대방이 말하는 내용이 마음에 들어야 한다는 의미도 아닙니다. 그것은 현존presence이라는 소중한 선물을 주는 것입니다. 즉, 상대편 안에 생동하는 것과 그 순간 현존하는 것입니다. 그리고 그 생동하는 것에 진심으로 관심을 기울이는 것입니다. 심리학적 기법으로서 그러는 게 아닙니다. 우리가 이 순간 상대방 안에 있는 신성한 에너지와 연결하기를 원하기 때문에 그러는 것이지요.

Q 책으로 볼 때에는 NVC로 다른 사람 안에 있는 신성한 에너지와 연결하는 과정이 분명하게 보이지만, 실제로 그렇게 산다는 것은 어려운 일 아닙니까?

A 비폭력대화를 공부하는 거의 모든 사람이 그 부분에 대해 두 가지를 말합니다. 첫 번째로 하는 말은, 정말 쉽고 간단하다는 것입니다. 두 가지 질문에만 답을 하면 되니까요. 우리 주의의 초점과 의식을 '우리 안에 생동하는 것'과 '삶을 더 멋지게 만들어 줄 것이 무엇인지'에 두면 됩니다. 얼마나 간단합니까? 그런데 두 번째로 하는 말은, 너무 어렵다는 것입니다. 그렇게 쉬운 것이 어떻게 동시에 어렵기도 할까요?

어려운 까닭은 우리가 우리 안에 생동하는 것에 대해 생각하도록 교육받아 본 적이 없다는 데서 찾을 수 있습니다. 우리는 소수의 사람이 다른 많은 사람을 지배하는 구조에 적응하며 살도록 교육받아 왔습니다. 다른 사람들, 특히 권위자가 우리를 어떻게 생각하는지에 가장 신경을 쓰도록 교육을 받았습니다.

만약 권위자가 우리를 나쁘고, 잘못했고, 무능하고, 어리석고, 게으르고, 이기적이라고 판단하면 우리는 벌을 받습니다. 그리고 권위자가 우리에게 좋은 녀석, 나쁜 녀석, 훌륭한 직원, 쓸모없는 직원 같은 꼬리표를 붙이면 그에 따라 상이나 벌을 받게 됩니다. 우리는 '우리 내면에 생동하는 것'과 '삶

을 좀 더 멋지게 만들어 주는 것이 무엇인가'라는 관점에서
생각하도록 교육받지 못했습니다.

비폭력대화는 상대방이 하는 행동에 대해서 우리가 어떻
게 느끼는지를 그 사람이 알도록 표현하기를 권합니다. 비폭
력대화에서는 솔직하게 표현하기를 바라지만, 상대편에 대
한 적 이미지, 비난, 모욕, 심리학적 진단을 포함하거나 상대
방의 잘못을 암시하는 말을 사용하지 않으면서 솔직하기를
바랍니다.

어떤 특정한 사람들에게는 비폭력대화가 적용될 수 없을
것이라고 생각하는 분들이 있습니다. 너무나 큰 상처를 받아
서 어떤 방법으로 소통하더라도 이 지점까지 도달할 수 없을
거라고 믿는 것이지요. 제 경험은 그렇지 않았습니다. 단지
시간이 더 걸릴 뿐이지요.

예컨대 전 세계의 다양한 감옥 중 한 곳에서 제가 일하고
있을 때, 저는 이런 연결이 곧바로 일어날 수 있다고 말하지
않습니다. 범죄로 처벌받고 있는 사람들이 제가 '그들 내면에
생동하는 것'에 진정으로 관심을 가지고 있다는 것을 정말
로 신뢰하기까지는 꽤 시간이 걸릴 수도 있습니다. 저부터가
문화적 조건화의 영향으로 나이가 좀 들고서야 그런 의식을
유지하는 일에 능숙해질 수 있었으니까, 그것을 배운다는 건
정말로 어려운 일일 수 있습니다.

Q 서로 적대적인 관계에 있는 사람들에게 어떻게 상대편 안에 있는
신성한 에너지를 알아보게 하시나요?

A 사람들이 신성한 에너지 수준에서 연결되었을 때에는, 상대
방에 대한 '적' 이미지를 그대로 계속 가지고 있기 어렵습니
다. 비폭력대화는 서로에게 상처를 주려고 하는 삶을 소외시
키는 사고방식에서 서로 주는 것을 즐기는 쪽으로 사람들이
옮겨 가게 하는 방법 중에서 제가 발견한 가장 강력하고 빠
른 방법입니다.

제가 르완다에서 후투족과 투치족 몇몇 사람들을 서로
만나게 했을 때, 양쪽이 다 상대편 부족 손에 가족을 잃은
경험이 있는 상황이었습니다. 그런데 놀라운 일은, 우리가 두
세 시간 만에 그들이 서로 배려하고 보살피게 할 수 있었다
는 겁니다. 그건 불가피하고 필연적으로 일어나는 일입니다.
그래서 저는 이 접근법을 사용합니다.

엄청난 고통을 겪고 있는 상황에서도 그런 일이 얼마나
간단하고 빠르게 일어날 수 있는지를 보면서 저는 놀랐습니
다. 비폭력대화는 많은 아픔을 경험한 사람들을 정말 신속
하게 치유해 줍니다. 그 경험에 자극 받아서 저는 조금 더 빨
리 그 일이 일어나기를 바라게 되었습니다. 왜냐하면 이렇게
한 번에 몇 사람씩 상대하는 방식으로는 시간이 오래 걸리니
까요.

우리 워크숍에 오지 않은 80만 명의 다른 후투족과 투치족 사람들에게, 그리고 세계의 나머지 다른 사람들에게도 이런 일이 좀 더 빨리 일어나도록 하기 위해 우리가 할 수 있는 일이 무엇일지 생각해 봅니다. 저는 이 프로세스를 담은 영화나 텔레비전 방송 프로그램을 만들 수 있으면 어떨지 알아보고 싶습니다. 왜냐하면 다른 사람들이 지켜보는 가운데 두 사람이 그 프로세스를 진행할 때 보는 사람들에게 간접적으로라도 배움과 치유, 화해가 일어나는 걸 보았기 때문입니다. 저는 많은 사람이 이 과정을 함께 빠르게 경험할 수 있도록 방송 매체를 이용하는 길을 모색하고 있습니다.

Q 우리가 서로에게 뭔가를 주고 싶어 하는 욕구는 얼마만큼 기본적인 것인가요?

A '삶을 풍요롭게 하고 싶은 욕구'는 우리 모두가 가진 가장 기본적이고 강력한 욕구들 중 하나라고 생각합니다. 이것을 다른 말로 하면, '우리 내면에 있는 그 신성한 에너지로부터 행동하기를 원한다는 것'입니다. 우리가 그 신성한 에너지 '그 자체'일 때, 삶을 풍요롭게 하고 삶의 질을 높이는 데 우리의 막대한 힘을 사용하는 것보다 우리가 더 좋아하고 더 큰 기쁨을 주는 건 없습니다.

우리가 이 신성한 에너지로 '살면서' 삶에 기여하려고 노력할 때에는 그에 따르는 또 다른 욕구가 있고 그에 따르는 부탁이 있습니다. 그것은, 우리가 누군가의 삶을 풍요롭게 만들어 주려고 어떤 행동을 한 후에 그 사람에게 피드백을 부탁하는 것입니다. 우리는 '내가 한 행동으로 기여하고자 했던 내 시도가 성공적이었는지'에 대해 알기를 원하기 때문입니다.

우리 문화권에서는 이런 부탁이 우리를 왜곡된 생각에 빠지게 할 수 있습니다. 그것은 우리의 행동으로 상대편에게 사랑받고, 감사받고, 인정을 받고 싶다는 생각입니다. 이런 생각이 전체 과정을 왜곡하고 그 아름다움을 잃어버리게 합니다.

우리에게 필요한 것은 다른 사람의 인정이 아닙니다. 우리의 주된 의도는 우리의 에너지를 삶을 풍요롭게 만드는 데 사용하는 것입니다. 그래서 우리는 피드백이 필요합니다. 피드백을 받지 못한다면 내가 들인 노력이 성공적이었는지 어떻게 알 수 있겠어요?

그리고 이 피드백을 통해서 제가 받는 도움은, 내가 신성한 에너지에서 나와 행동을 했는지 아닌지를 알게 된다는 것입니다. 내가 비판적인 피드백을 '감사하다'라는 말 못지않게 가치 있는 것으로 들을 수 있을 때, 내가 지금 신성한 에너지로부터 우러나와 뭔가를 하고 있다는 것을 알게 됩니다.

이 과정에서 어떤 문화나 언어 장벽에 부딪힌 적이 있으세요?

제가 놀라는 것은 그런 장벽이 거의 없다는 점입니다. 다른 언어로 이 과정을 처음 가르치기 시작했을 때, 저는 제대로 될 수 있을지 정말 의심스러웠습니다.

제가 처음 유럽에 갔을 때가 기억나는데, 뮌헨과 제네바를 첫 방문지로 정했습니다. 그때 동료와 저는 둘 다 다른 나라 언어로 이것이 전해질 수 있을지 의심했습니다. 동료는 프랑스어로 워크숍을 진행할 예정이었고, 저는 나오는 질문에 답하기 위해서 그녀와 함께 있었습니다. 저는 통역으로 전달이 가능한지에 대해서만 알아보겠다는 마음으로 갔지만 아무 문제 없이 잘 진행되었습니다. 그리고 세계 어느 곳에서나 잘 이루어지는 걸 경험합니다. 그래서 그런 문제에 대해서 이제는 아무런 걱정도 하지 않습니다. 제가 영어로 말하고 통역자가 전달해 주기만 하면 잘 진행됩니다. 어떤 문화권에서도 문제 될 게 없다고 생각합니다.

미미한 것 외에는 본질적인 부분에 문제가 없었을 뿐 아니라, 세계 전역에서 워크숍을 하고 난 후에 여러 사람에게서 이것이 자기네 종교에서 말하는 것과 본질적으로 같다는 말을 반복적으로 듣습니다. 이것은 오래된 것이고, 그 사람들은 이미 그것을 알고 있는 것이지요. 그 사람들은 자신들의 오래된 종교를 비폭력대화로 명확히 이해할 수 있도록 드

러내 보여 준 데 대해 아주 고마워하곤 합니다. 비폭력대화
는 새로운 게 아닙니다.

비폭력을 실천하기 위해 영적인 수행이 중요하다고 믿으십니까?

저는 워크숍을 할 때마다 참가자들에게, 한 가지 질문을
각자가 스스로에게 던지고 그에 대해 가능한 한 천천히 깊
이 생각해 보라고 제안합니다. 그 질문이란 "나는 다른 사
람들과 연결할 때 어떻게 선택하고 있는가?"입니다. 분명히
하기를 원하는 것은, 우리가 프로그램된 대로 하는 것이 아
니라 우리 자신의 선택으로 연결하라는 것입니다. 진정으
로, 다른 사람과 연결할 때 당신이 선택하는 방법은 무엇입
니까?

제 경우에는 감사하는 것 역시 큰 역할을 합니다. 제가 어
떤 행동에 대해 감사 표현을 하고 싶은 마음이 들 때에는, 그
것이 내가 한 행동이든 다른 사람의 행동이든 상관없이, 그
행동에 대해 내가 어떻게 느끼는지를 의식하고, 그것으로 충
족된 나의 욕구를 의식합니다. 그러고 나서 감사를 표현하면
저는 우리 인간이 가지고 있는, 삶을 풍요롭게 할 수 있는 힘
에 대한 의식으로 채워집니다. 그리고 그럼으로써 저는 우리
가 신성한 에너지 자체이고, 우리가 삶을 멋지게 만들 힘을
가지고 있으며, 그렇게 하는 것보다 더 우리가 좋아하는 것
은 아무것도 없다는 것을 알아차리게 됩니다.

저에게 그것은, 삶을 경이롭게 만들고 그것을 무엇보다
즐거워하는 신성한 에너지가 우리에게 있다는 강력한 증

거입니다. 그것이 바로 감사함을 의식하고 감사를 표현하는 것이 나의 영적인 수행의 일부라고 제가 말하는 이유입니다.

Q 간디나 마틴 루서 킹 목사처럼 영성과 사회변혁 사이에 다리를 놓으려고 시도했던 과거의 여러 사회운동에서 영향을 받으셨나요?

A 물론이지요. 저는 분명히 그분들에게서 영향을 받았습니다. 왜냐하면 제가 가치 있게 여기는 방식으로 일을 한 사람들에 대해 연구를 했고, 그 두 분은 확실히 그런 분들이기 때문입니다.

제가 가치 있게 여기는 영성은 그냥 앉아서 명상만 하는 것이 아니라 '삶에 기여하면서 그 속에서 커다란 기쁨을 얻는 것'입니다. 명상을 하는 것도 확실히 가치가 있지만, 거기서 멈추지 않고 그 명상으로부터 생겨나는 의식으로 그들이 살고 싶은 세상을 창조하는, 행동하는 모습을 보고 싶습니다.

욕구가 충족되었을 때

- 가벼운
- 뭉클한
- 안심한
- 편안한
- 흐뭇한
- 고마운
- 뿌듯한
- 자랑스러운
- 평온한
- 흥미로운
- 기쁜
- 생기가 도는
- 즐거운
- 평화로운
- 희망에 찬
- 든든한
- 신나는
- 충만한
- 홀가분한
- 힘이 솟는

욕구가 충족되지 않았을 때

- 걱정되는
- 난처한
- 불편한
- 외로운
- 지루한
- 괴로운
- 답답한
- 슬픈
- 우울한
- 짜증 나는
- 꺼림칙한
- 당혹스러운
- 실망스러운
- 절망적인
- 혼란스러운
- 낙담한
- 두려운
- 아쉬운
- 조바심 나는
- 화나는

자율성autonomy

- 꿈/목표/가치를 선택할 수 있는 자유
- 자신의 꿈/목표/가치를 실현하기 위한 방법을 선택할 자유

축하celebration/애도mourning

- 인생 예찬
- 잃어버린 것(사랑하는 사람, 꿈 등)을 애도하기

진정성/온전함integrity

- 자기 존재에 대한 믿음
- 창조성 •의미 •자기 존중 •정직

몸 돌보기physical nurturance

- 공기 •음식 •물
- 신체적 보호 •따뜻함
- 자유로운 움직임 •운동
- 휴식 •성적 표현 •주거 •잠

놀이play

- 재미
- 웃음

영적 교감spiritual communion

- 아름다움
- 조화 •영감
- 평화 •질서

상호 의존interdependence

- 수용 •감사 •친밀함
- 공동체 •배려
- 삶을 풍요롭게 하기 위한 기여
- 정서적 안정 •공감 •연민
- 돌봄 •소통 •협력
- 나눔 •인정 •우정
- 사랑 •안심 •존중
- 지지 •신뢰 •이해

★ 위의 느낌과 욕구 목록에 자신의 것을 추가해 보세요.

NVC를 적용하는 방법

말하기	듣기
상대방을 비난하지 않으면서 나 자신을 솔직하게 말할 때	상대방의 말을 공감으로 들을 때

관찰

상황을 있는 그대로 관찰하기 "내가 ~을 보았을(들었을) 때"	상황을 있는 그대로 관찰하기 "네가 ~을 보았을(들었을) 때"

느낌

나의 느낌 "나는 ~하게 느낀다."	상대방의 느낌 "너는 ~하게 느끼니?"

욕구/필요

나의 느낌 뒤에 있는 욕구/필요 "나는 ~이 필요(중요)하기 때문에……"	상대방의 느낌 뒤에 있는 욕구/필요 "너는 ~이 필요(중요)하기 때문에……"

부탁/요청

내가 부탁하는 구체적인 행동 **연결부탁** "내가 이렇게 말할 때 너는 어떻게 느끼니(생각하니)?" **행동부탁** "~를(을) 해 줄 수 있겠니?"	상대방이 부탁하는 구체적인 행동 "너는 ~를 바라니?"

CNVC와
한국NVC센터(한국비폭력대화센터)에 대하여

CNVCThe Center for Nonviolent Communication

CNVC는 NVC를 배우고 나누는 일을 지원하고, 개인과 조직, 사회에서 일어나는 갈등들을 평화롭고 효과적인 방법으로 해결하는 것을 돕기 위해 1984년 마셜 로젠버그가 설립했다.

CNVC는 모든 사람의 욕구를 소중히 여기고, 삶이 가진 신성한 에너지와 연결된 의식 속에서 살아가는 사람들이 서로에게 즐거운 마음으로 기여하며, 갈등을 평화롭게 해결하는 세상을 지향한다.

CNVC는 지도자인증프로그램, 국제심화교육(IIT), NVC 교육과 NVC 공동체 확산을 위한 활동을 하고 있다. 현재 700여 명의 국제 인증지도자들이 전 세계 80개국이 넘는 지역에서 활동하고 있다.

9301 Indian School Rd NE Suite 204

Albuquerque, NM 87112-2861 USA

website: www.cnvc.org / e-mail: cnvc@cnvc.org

한국NVC센터(한국비폭력대화센터)

모든 사람의 욕구가 존중되고 갈등이 평화롭게 해결되는 사회를 이루려는 꿈을 가진 사람들이 2006년 캐서린 한[Katherine Singer]과 힘을 모아 만든 비영리 단체이다. 한국NVC센터는 NVC 교육과 트레이너 양성을 통해 우리 사회에 기여하기 위해 설립되었다. 교육은 (주)한국NVC교육원에서 진행하고 한국NVC센터(NGO)는 NVC의 의식을 나누는 활동을 하고 있다.

한국NVC센터가 하는 일

- **교육(한국어/영어)**

  NVC 소개를 위한 공개 강의, NVC 1·2·3, 심화·지도자 준비 과정, IIT(국제심화교육), 중재교육, 부모교육, 놀이로 어린이들에게 NVC를 가르치는 스마일 키퍼스®Smile Keepers®, 가족캠프 등

- **외부교육**

  기업, 학교, 법원 등 각종 기관과 조직 안에 소통을 통한 조화로운 관계를 만들기 위하여 요청과 필요에 맞춰 교육과정을 제공한다.

- **상담(개인/부부/집단)**

  내담자의 느낌과 욕구에 공감하며, 더 행복하게 사는 데 도움이 되는 행동이나 결정을 내담자가 찾아 가도록 도와준다.

- 중재

  한국NVC중재협회를 통해 중립적인 위치에서 느낌과 욕구에 기반을 둔 대화를 도와줌으로써 모두의 욕구가 충족될 수 있는 방법을 찾아 가도록 한다. 현재 지방법원과 서울가정법원에서 조정위원으로 활약하고 있다.

- 연습모임 지원

  NCV를 자율적으로 연습하는 모임을 위한 장소를 대여하고 연습을 위한 정보와 자료를 제공한다.

- 교재·교구 연구개발, 제작 및 판매

- 번역, 출판 사업

* 그 밖에도 비폭력대화의 확산을 위해 보호관찰소, 법원, 공부방 등과 탈북인, 다문화 가정을 위한 여러 가지 일을 하고 있다.

연락처
대표문의 nvccenter@krnvc.org 02-6291-5585
센터교육 nvcedu@krnvc.org 02-325-5586
외부교육(강사 문의) training@krnvc.org 02-6085-5585
출판 및 판매 book@krnvc.org 02-3142-5586
홈페이지 www.krnvc.org Fax 02-325-5587
주소 (06159) 서울특별시 강남구 삼성로 95길 23, 3층(삼성동, 남양빌딩)

비폭력대화 Nonviolent Communication

마셜 B. 로젠버그 지음 | 캐서린 한 옮김

Nonviolent Communication: A Language of Life(3rd edition)의 번역서. NVC의 기본 개념, NVC 모델, 프로세스 등이 자세히 나와 있는 기본 텍스트다. 2004년에 나온 초판의 개정증보판으로, 디팩 초프라의 머리말과 '갈등 해결과 중재'를 다룬 제11장이 새로 추가되었다.

비폭력대화 워크북
Nonviolent Communication Companion Workbook

루시 루 지음 | 한국NVC센터 옮김

NVC 인증지도자인 루시 루의 개인과 연습모임을 위한 안내서. 마셜 로젠버그의 《비폭력대화》에 맞춰 한 장 한 장 연습할 수 있도록 도와준다. NVC를 연습해 볼 수 있는 다양한 활동과 연습모임 리더에게 도움이 되는 제안 등이 담겨 있다.

갈등의 세상에서 평화를 말하다
Speak Peace in a World of Conflict

마셜 B. 로젠버그 지음 | 정진욱 옮김 | 캐서린 한 감수

NVC의 원리를 적용해 자기 내면에서, 타인과의 관계에서, 그리고 다양한 사회조직 안에서 발생하는 갈등과 문제를 평화적으로 해결하는 방법을 알려 준다. 실제 사례와 연습 중심으로 구성된 실천 지침서.

삶을 풍요롭게 하는 교육 Life-Enriching Education

마셜 B. 로젠버그 지음 | 캐서린 한 옮김

교육 현장에서 교사와 학생들이 비폭력대화를 통해 자율성과 상호 존중을 배울 수 있는 학습 환경을 만들어 가는 방법을 보여 준다. 라이앤 아이슬러가 서문을 쓰고, P.E.T.의 토머스 고든이 추천하는 책이다. 교사들을 위한 비폭력대화.

기린과 자칼이 함께 춤출 때
Wenn die Giraffe mit dem Wolf tanzt

세레나 루스트 지음 | 슈테판 슈투츠 그림 | 이영주 옮김

비폭력대화 입문서. NVC의 4단계에 초점을 맞추어, 핵심 원리를 바로 파악할 수 있게 해 준다. 일상에서 흔히 접할 법한 친근한 상황과 전형적인 대화를 소재로 삼고 있기 때문에 흥미롭고 이해하기 쉽고, 재미있는 삽화들이 읽는 재미를 더해 준다.

자칼 마을의 소년 시장 The Mayor of Jackal Heights

리타 헤이조그·캐시 스미스 지음 | 페기 파팅턴 일러스트 | 캐서린 한 옮김

비폭력대화의 개념을 동화로 표현한 작품이다. 서로의 차이를 인정하고 갈등을 평화롭게 해결하기 위한 비폭력대화의 핵심을 재미있게 표현하고 있다.

기린 주스 Giraffe Juice

JP 알렌·마시 윈터스 지음 | 타마라 라포르테 그림 | 이종훈 옮김

비폭력대화를 어린이들에게 충실하고 재미있게 알려 주는 동화책. 기린 실종 사건과 주인공 소녀의 갈등 해결 과정을 솜씨 좋게 한데 엮으면서 관찰, 느낌, 욕구, 부탁이라는 비폭력대화의 4단계를 자연스럽게 깨닫고 몸에 익힐 수 있도록 안내한다.

어린이를 위한 NVC 워크숍
스마일 키퍼스 1 (5~10세)
스마일 키퍼스 2 (11~15세)

나다 이냐토비치-사비치 지음 | 한국NVC센터 옮김

어린이들이 재미있는 놀이를 하면서 상호작용을 통해 정서적 안정을 유지하고, 갈등을 극복할 방법을 찾고, 의사소통 기술을 향상시키고, 자신감과 타인에 대한 신뢰를 키우고, 자신과 타인을 더 잘 이해할 수 있도록 돕는 32회의 워크숍 프로그램. 진행 방법을 자세히 안내해 교육 현장에서 바로 활용할 수 있게 구성되어 있다.

마셜 로젠버그 박사의
비폭력대화 입문과정 DVD

마셜이 진행한 NVC 입문과정 워크숍The Basics of Nonviolent Communication을 녹화한 것이다. NVC를 처음 배우는 사람에게 훌륭한 기본교재일 뿐만 아니라, 이미 알고 있는 사람에게도 깊이 있게 이해하는 데 도움이 된다. 마셜이 기타를 치면서 노래도 하며 실제 사례를 들고 있어 재미있게 배울 수 있다.

NVC 카드게임 그로그(GROK)

느낌카드 한 묶음, 욕구카드 한 묶음, 여러 가지 게임에 대한 설명서가 들어 있다. 자신의 욕구를 더 명확하게 인식하고, 쉽게 상대방에게 공감할 수 있으며, 모임에서 놀이하듯 활용할 수 있다. NVC를 모르는 사람, 특히 아이들과 NVC를 나누는 데 효과적이다.

NVC 느낌욕구 자석카드

느낌 자석카드 50개, 욕구 자석카드 50개가 들어 있다. 어린이, 청소년들의 학교 현장, 각종 교육기관, 가정 등에서 자신을 솔직하게 표현하고 다른 사람에게 공감하는 것을 배울 수 있는 교육 교재로 교육, 상담, 놀이에 활용할 수 있다.

기린/자칼 귀 머리띠(Ears)

기린/자칼 손인형(Puppets)

손인형과 귀 머리띠 세트 (각 1개씩 총 4개 한 세트)

만해마을 집중심화 DVD(한국어 통역)

로버트 곤잘레스, 수잔 스카이

2007년 5박 6일간 한국NVC센터 주최로
인증지도자인 로버트 곤잘레스와 수잔 스카이를 초청해서
진행한 집중심화훈련을 DVD로 정리한 것이다.

1. 집중심화훈련 소개와 트레이너, 참가자 소개
2. NVC의 기본
3. Need에 대하여, Living Energy로 말하기
4. 공감에 대하여—수잔 스카이
5. 공감에 대하여—로버트 곤잘레스
6. 충족되지 않은 욕구의 아픔을 욕구의 아름다운 힘으로 바꾸기(시범)
7. 충족되지 않은 욕구의 아픔을 욕구의 아름다운 힘으로 바꾸기(실습)
8. 지배 체제와 파트너십 체제
9. Power-under와 Power-over(지배를 당하기, 지배하기)
10. 거절하기와 거절 받아들이기—수잔 스카이
11. 자극받는 말이나 행동—로버트 곤잘레스
12. 솔직하게 표현하기—수잔 스카이
13. 욕구가 갈등하고 있는 것처럼 보일 때—로버트 곤잘레스
14. Closing 1
15. Closing 2